Landouzy

EXPOSITION UNIVERSELLE, PARIS 1900

Ier CONGRÈS INTERNATIONAL

DE

PRESSE MÉDICALE

Juillet 1900

Inauguration le Jeudi 20 Juillet, au Pavillon de la Presse,
a l'Exposition
par M. MILLERAND, Ministre du Commerce,
le Professeur CORNIL étant Président,
le Docteur BLONDEL Secrétaire Général

PARIS
Georges CARRÉ et C. NAUD, Éditeurs
3, Rue Racine, 3
—
1900

EXPOSITION UNIVERSELLE, PARIS 1900

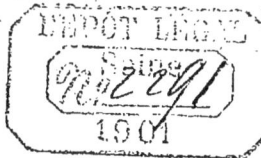

Ier CONGRÈS INTERNATIONAL

DE

PRESSE MÉDICALE

Juillet 1900

INAUGURATION LE JEUDI 20 JUILLET, AU PAVILLON DE LA PRESSE,
A L'EXPOSITION
PAR M. MILLERAND, MINISTRE DU COMMERCE,
LE PROFESSEUR CORNIL ÉTANT PRÉSIDENT,
LE DOCTEUR BLONDEL SECRÉTAIRE GÉNÉRAL

PARIS

GEORGES CARRÉ ET C. NAUD, ÉDITEURS

3, RUE RACINE, 3

1900

Ier CONGRÈS INTERNATIONAL

DE

PRESSE MÉDICALE

Juillet 1900

DISCOURS DE M. LANDOUZY[1]

Monsieur le Ministre,
Mesdames,
Messieurs,

Il y a quelques jours, s'adressant à M. le Président de la République, un de nos confrères de la grande Presse se défendait énergiquement de faire un discours, arguant, que, d'un journaliste on était en droit d'attendre seulement des articles !

---

1. Membre de l'Association de la Presse médicale française ; rédacteur en chef de la *Revue de médecine* ; membre du Comité scientifique du journal *La Presse Médicale* ; délégué de la Faculté de médecine de l'Université de Paris.

Combien mieux encore que notre confrère pourrais-je me défendre de discourir, moi journaliste-médecin dont le devoir est de consigner les faits, de noter les expériences, afin que les premiers comme les secondes m'apprennent à agir, le propre de la Médecine étant l'action et non plus les arguties scolastiques.

L'excuse de mon discours est dans le désir du Comité d'organisation de notre Congrès, que, d'abord, soient rappelés les liens qui rattachent la grande Presse à la Presse médicale.

Nous réunissant aujourd'hui en un premier congrès international de Presse médicale pour faire aboutir (après les avoir fondus en un faisceau commun) les efforts des diverses associations de journaux médicaux nées à l'instar de l'Association de la Presse médicale française, telles l'Association allemande et autrichienne ; nous réunissant en un congrès international de Presse médicale à l'heure où la pensée imprimée représente la plus grande force de propagation pour les idées de progrès moral et matériel ; il nous sied de rappeler : que ce fut un médecin qui fonda, en France, sinon en Europe, la Presse ; que le premier journaliste, que le premier gazetier fut un des nôtres.

Il convient aujourd'hui de se souvenir que la première gazette, quoiqu'en eussent ses allures littéraires et ses visées de reportage général, touchait déjà par quelques côtés aux affaires médicales, puisque le journal de Théophraste Renaudot allait servir à annoncer, comme à faire connaître, ses œuvres d'assistance et ses consultations charitables.

La *Gazette de France* était de quarante-huit années en avance sur le premier journal exclusivement médical, que, mensuellement, Nicolas de Blégny allait, en 1679, publier à Paris, sous le titre : *Nouvelles découvertes sur toutes les parties de la médecine.*

Le libre examen était déjà — comme il doit l'être pour nous tous — la devise du journal de Nicolas de Blégny, comme la libre critique avait été la méthode du gazetier Renaudot, aussi leurs journaux ne vécurent-ils que peu d'années.

Dès 1682, les *Nouvelles découvertes sur*

toutes les parties de la médecine étaient supprimées à Paris : de Blégny se voyait, en 1684, forcé de les aller publier à Amsterdam, de les intituler le *Mercure savant*, et de les signer du nom de Gauthier.

C'est que les journaux, dans leur œuvre d'irrespectueuse critique, s'attaquaient à fortes parties, notamment à la Faculté de médecine de Paris, qui, ayant pour elle et le roi et le Parlement, ne permettait pas qu'on discutât ni ses privilèges, ni son enseignement dogmatique ; c'est que la Presse était fort loin encore du temps où elle deviendrait la puissance la plus grande du monde.

C'est justement parce que nous avons conscience et du rôle et de la puissance de la Presse médicale, que, journalistes-médecins de tous pays et de toutes langues, nous voulons travailler aux intérêts scientifiques, moraux et matériels de notre profession ; c'est que, conscients de la force que nous prête le journal, nous voulons cette force plus grande encore, n'acceptant d'avoir aucun des intérêts de partis qui divisent, entendant servir exclusivement les droits supérieurs de la Médecine, pour nous solidariser avec tous ceux qui cherchent remèdes aux souffrances humaines.

Répandre partout les méthodes de libre examen et de critique fécondante; répandre partout les vérités charitables; développer les œuvres d'assistance médicale; faire que le médecin soit plus fort par plus de science; faire que le médecin soit plus respecté par plus de services rendus; faire que les sciences et la pratique médicales soient mises constamment à la portée de tous les médecins, — qu'il s'agisse de nos plus grandes Revues françaises et étrangères, telles que les Archives de l'illustre auteur de la Pathologie cellulaire, magnifique recueil que dirige depuis soixante et un ans l'illustre Nestor de la Presse médicale; ou bien qu'il s'agisse de nos feuilles alertes courant à bon marché le monde deux fois par semaine, — et cela, afin que partout s'entretienne le culte de la science, et partout s'affine la pratique médicale, quel plus beau rôle que celui de notre Presse ?

Quelle belle tâche que la nôtre, quand nous aidons nos confrères dans leurs aspirations

d'artistes autant que dans leurs exigences d'artisans! pareilles épithètes n'étant faites, j'imagine, pour déplaire à personne, nul ne mettant plus que le médecin son honneur à travailler de la main autant que de la pensée.

Est-ce que le médecin, pour remplir, toute, sa tâche professionnelle, ne doit pas — condamné par sa propre conscience aux labeurs perpétuels — s'entretenir, au jour le jour, dans une culture scientifique qui le rende soucieux (en quelque situation que l'aient placé les hasards de la fortune) autant des problèmes de médecine doctrinale que de la réussite de son métier ?

Quel noble office doit remplir la Presse médicale! Ne constitue-t-elle pas, par la fédération de ses multiples organes, la véritable Université universelle, le plus puissant de tous les moyens d'enseignement post-scolaire : donnant des ailes à la parole des Maîtres, et faisant, aux quatre coins du globe connaître les doctrines pastoriennes, le pansement de Lister, les médications nouvelles, la sérothérapie, l'opothérapie, etc., les instruments nouveaux, la radioscopie, etc., en moins d'heures qu'il ne fallait à nos pères de mois, pour que leur arrivât seulement la nouvelle de la découverte de la vaccine, de l'invention de l'auscultation ou de la découverte de l'éthérisation ?

Il est à l'honneur de la Presse médicale, que l'étude, pourtant si légitime et si urgente des intérêts matériels des médecins, ne soit venue, dans l'ordre de ses préoccupations, qu'après l'étude de leurs intérêts intellectuels. Il est à l'honneur de la Presse médicale d'avoir cherché, d'abord, à entretenir au plus intime de chacun de nous un idéal professionnel, fait de foi scientifique, d'amour de la vérité, de liberté de jugement, d'indépendance de caractère, d'esprit de solidarité large et tolérant, de désintéressement.

Néanmoins, il est temps, il est même urgent, qu'en tous pays où la Société se transforme, il est urgent que les intérêts respectables des médecins ne soient plus méconnus ; il n'est que juste que la Presse médicale prenne aussi en mains les intérêts d'une profession, qui, sans qu'on y prête attention et sans qu'on lui en sache gré, s'est toujours montrée plus soucieuse de ses devoirs que de ses droits.

Sous prétexte que la Médecine est la plus sociale des professions — son but étant essentiellement humanitaire — sous prétexte que la Médecine est, de toutes les sciences appliquées, celle qui sert le plus la chose publique ; sous prétexte que la Médecine est, de toutes les professions, celle dont la Société attend le plus de services, n'hésitons plus à réclamer pour qu'on mette un terme aux abus par lesquels, en tous pays, on demande aux médecins, charitables et corvéables à merci, de donner toujours le meilleur d'eux-mêmes pour le soulagement des communes misères humaines. Ils n'ont pas tout à fait tort, ceux d'entre nous, qui vont jusqu'à parler d'exploitation que l'État, les départements, les communes, les sociétés mutuelles feraient des médecins, ceux-ci ayant vraiment quelque droit à demander qu'on les mette un peu plus souvent à l'honneur et moins à la peine.

Il y a, dans cette énorme question de l'Assistance médicale, un des sujets qui préoccupent le plus les études et la critique de la Presse médicale de tous les pays. Notre réunion ne peut que servir à élucider plusieurs de ces problèmes dont la solution importe plus encore à la santé publique qu'à la corporation médicale. Pareils intérêts professionnels méritent d'être l'objet des préoccupations les plus ardentes de la Presse médicale, nos journaux devant mettre leur puissance au service des revendications légitimes que font en ce moment même entendre nos confrères réunis, à côté de nous, en leur premier congrès international de Médecine professionnelle et de Déontologie : entre autres questions majeures vont s'y discuter, vous le savez, toutes celles afférentes aux syndicats médicaux.

La Presse médicale se doit à elle-même de traiter chacune des questions professionnelles au même titre que les questions scientifiques ; Elle entend se faire l'avocat de celles des revendications qu'elle croit légitimes, revendications ayant trait aussi bien à nos intérêts moraux et matériels, intérêts qui se pourraient résumer tous dans la formule

que je mets sous l'égide de notre Congrès :
Vérité dans la science.
Probité dans l'art.
Sécurité dans la profession.

La plupart des revendications du corps médical nous paraissent d'autant plus légitimes, que, dans une société bien organisée qui se fait avec raison gloire de ses œuvres de solidarité, d'assistance, de mutualité, il ne serait que juste, que les médecins eussent une situation professionnelle conforme à la somme de devoirs qu'ils s'imposent et de services qu'on leur demande : devoirs accomplis et services rendus n'obligent-ils pas la Société envers les médecins ?
A la Presse médicale de persuader, les Pouvoirs comme le grand public, que si c'est dans la Médecine, suivant le mot de notre Descartes, qu'on doit trouver le moyen de rendre communément les hommes meilleurs ; à la Presse médicale de persuader tout un chacun, que si les médecins sont vraiment des magistrats et des *ingénieurs* de santé, une place plus équitable doit leur être faite dans

notre Société à la fois si pratique et si avide de justice.

A la Presse médicale de persuader, sans se lasser, les Pouvoirs comme le grand public : que jamais il n'y aura de trop gros budgets pour les œuvres d'Assistance et de Santé publiques; que la Société, outre les raisons d'humanité voit, en chacun de ses Membres, des motifs d'intérêt personnel à ce que la santé du voisin soit meilleure, ses peines moindres, sa maladie plus courte et plus rare !

A la Presse médicale d'étudier avec les économistes, les voies et moyens par lesquels les charges de santé — qui dans un État bien organisé doivent être les plus considérables, le capital ainsi engagé n'étant nullement placé à fonds perdus — peuvent-être réparties avec plus d'équité, les médecins ne devant pas, après tout, le service médical obligatoire. A la Presse médicale d'étudier comment toutes les charges incombant à l'État, aux départements, aux communes, aux associations, aux particuliers, du fait de la santé publique, doivent être réparties équitablement sur tous, sans léser les intérêts d'aucun.

Pour l'étude de ces problèmes anxieux, infiniment grands, infiniment ardus, la Presse médicale s'emploiera avec une ardeur inlassable, sachant qu'elle revendique comme le premier de ses devoirs de travailler au soulagement des misères humaines. Dans cette question des devoirs et des droits professionnels des médecins, dans cette question de la juste répartition des charges qui incombent à tous pour que la peine de chacun soit moindre, journalistes-médecins, nous n'aurions qu'à nous souvenir de la pensée de notre confrère, le premier gazetier, du philanthrope Théophraste Renaudot, qui disait, il y a deux cents ans : « Il faut, que dans un Estat les riches aident aux pauvres, son harmonie cessant lorsqu'il y a partie d'enflée outre mesure, les autres demeurant atrophiées. »

Paris. — L. MARETHEUX, imprimeur, 1, rue Cassette.

www.ingramcontent.com/pod-product-compliance
Lightning Source LLC
Chambersburg PA
CBHW061621040426
42450CB00010B/2596